이교상 시집

Korean poem

시크릿 다이어리

Secret diary

인지
생략

들꽃시인선 014
시크릿 다이어리

지은이/이교상
펴낸이/문창길
초판인쇄/2015년 12월 10일
초판펴냄/2015년 12월 15일
펴낸곳/도서출판 들꽃
주 소/100-273 서울 중구 서애로 27(필동3가 28-1)서울캐피탈빌딩 B202호
전 화/02)2267-6833, 2273-1506
팩 스/02)2268-7067
출판등록/제2-0313호
E-mail:dlkot108@hanmail.net

값 8,000원
* 파본된 책은 바꾸어 드립니다.

ISBN 978-89-6143-187-3 03810
ISBN 978-89-89607-15-9(세트)

■ 이 책은 2014년 한국문화예술위원회 아르코문학창작기금 지원을 받아 발간되었습니다.

■

들꽃시인선 014

시크릿 다이어리

이교상 시집

들꽃

이 시집을
카타리나에게 드립니다.

Secret diary

| 시인의 말 |

내 몸에 바글대는
무량無量한 햇살의 마음들아
붉나무 詩처럼 날마다 붉디붉게
두근거리기를
……

2015년 가을
이교상

| 시크릿 다이어리 |

차례

시인의 말 / 7

01 해물파전에 대한 평설

사랑도 _14
3월의 눈 _15
명금폭포鳴金瀑布 _16
거울의 인문학 _17
내 몸의 지도地圖를 읽다 - 곽승용 화백에게 _19
폐광, 4월 _20
절망의 고고학 _21
꽃의 환유 _22
고양이가 서성거리는 골목 _23
독서 - 갠지스강 _24
해물파전에 대한 평설評說 _25
소금꽃 후렴 _26
11월 _27
낙원상가 근처 _28
악기 _29
해인海印에서 보내온 화첩 _30
황악산 고래를 읽다 _31
이중섭의 가을 _32
立冬 _33
중천中天 _34

02 월광 소나타

오동도 동백 _38
3장 세 수의 봄 _39
다시 쓰는 연서 _40
팔만대장경 산벚꽃 _41
배꽃 _42
구름의 저녁 - 모란꽃에게 _43
속리俗裏 _44
새의 은유 _45
버려진 과거 _46
꽃에 대한 명상 _47
筆生 _48
시크릿 다이어리 - 남해 _49
해바라기 입적入寂 _50
월광 소나타 _51
소용골 부추꽃 _52
문단文壇 면벽 - 그대에게 _53
초식동물 생존사 _54
누드 드로잉 _56
북삼에 내리는 눈 _57
겨울 묵시록 _58

03 소용골 매화꽃

소용골 매화꽃 _64
음력 4월 - 星州李公源爽後孫納骨堂 _65
오름에 관한 보고 _66
사막으로 읽은 마태복음 _67
누에스님 _68
갈매기노래방 - 소래포구 _69
방어진 원추리 _70
폭포 _71
한꽃송이 붉은 여자 - 정신병동에서 _72
허공을 만나 오랫동안 흔들리다가 _73
독거獨居의 詩 _74
역경譯經 - 분재盆栽시인 우탁 氏 _75
0 _76
물집 _77
감나무 아야기 - S시인에게 _78
하현달 _79
몰아沒我 _80
雪景 _82
심우도尋牛圖 _83

자전적 시론 | 상상력이 떠올린 아치雅致 혹은 아치arch_ 이교상 _86

01
해물파전에 대한 평설

오래된 반성 · 사량도 · 3월의 눈 · 명금폭포
거울의 인문학 · 내 몸의 지도를 읽다 · 폐광, 4월
절망의 고고학 · 꽃의 환유 · 고양이가 서성거리는 골목
독서 · 해물파전에 대한 평설 · 소금꽃 후렴 · 11월
낙원상가 근처 · 악기 · 해인에서 보내온 화첩
황악산 고래를 읽다 · 이중섭의 가을
立冬 · 중천

나, 그대 사랑한 만큼 절망을 부둥켜안았다

모두 내려놓고, 더 많은 것을 가진다는 것이 얼마나 힘든 일인 것을 수천 번 생각하고 또 수만 번을 후회하면서 깨닫는다 사랑한다는 것은 사랑하는 그 마음보다 더 절실하게 기다리는 일인 것을 죽을둥살둥 그리워하다가 어느 날 문득, 죽을 수 있다는 것을

우연히, 말하지 못한 내 비밀 그대가 알았더라도

- 오래된 반성

사랑도

붉도록

나는 갇히고 싶다

그대, 라는

적멸에

3월의 눈

저것은
나비의 알몸

수평으로
날아간다

지상에
쌓이지 않는다

나비들의
영혼은

명금폭포鳴金瀑布

하늘벽 불면이 낳은 직립의 보폭처럼
가슴에 달라붙은 욕망을 흔들어 깨워
지상의 소실점 향해 쏟아지는 빛이여

부서져 내린 뼈가 살점 다 갈라놓아도
허공과 맞장 뜨는 만 편 면벽을 펼쳐
물방울 상상력으로 들뜬 길 갈앉힌다

날마다 높아지는 마음의 벼랑을 보며
수많은 물보라가 새가 되는 그때까지
거꾸로 떨어지면서 할 말을 되삼키고

거울의 인문학

1
허공에도
아름다운 언어가 존재하지
안단테 아다지오 물의 마음 찰랑인다

그 옛날, 사람들 모습이
모두 그랬던 것처럼

2
바람의 숨소리를 거듭거듭 궁굴리며 귓속말 한 마디에 반짝이는 나무 앞에서 흰 구름 가슴을 펼쳐 만 편 시 쓰는 봄

3
빗금무늬 한 생각 공중에 던져놓고
희미한 햇살들이 알몸으로
뒤척일 때

뚜렷이,

내가 바라본 건

새를 닮은
그대다

내 몸의 지도地圖를 읽다

- 곽승용 화백에게

주름살 펼쳐놓고 급경사를 매만진다
돌고 돈 바람의 생 원점에서 보기 위해
무수히 스쳐간 그 어둠,
둥근 지문 떠올린다

낮은 곳 불룩하게 집 지은 분수령과
가물었던 내 마음이 높은 곳에 파고 든
등고선 고단한 시간
뜨겁게 안아본다

가끔씩 완만했던 푸른 꿈길도 있었지만
밤은 늘 악몽처럼 구석지게 찾아와서
희미한 폐곡선閉曲線 위에
그리움을 올려놓은

폐광, 4월

새처럼, 그대도 한 번 날아 오른 적 있었는지

그 여자 내 몸에서 걸어 나갔네 반짝이던 햇살 모두 사라지고 누운 자리가 깊은 물웅덩이였네 세상 문 걸어 잠그고 오래 눈이 멀고 오래 귀먹었네 박쥐는 날마다 내 안에 우글거리고

저, 봄 봄
듣지 못하네, 나는 보지 못하네

절망의 고고학

몸 없는
저 바람도 한 생각 품고 산다

급히 진 꽃잎들이 소리로 귀를 키워 이 세상 벅차오르게

햇살 다시 들인 듯이

적막강산 어둠에 풍덩 달이 빠진 날도 자주색 등촉으로 별을 읽는 오늘 밤도

바람은,

더 깊은 바람소리로

두 무릎을
세운다

꽃의 환유

내 안에
잠긴 그대 혼자 몰래 보느니

보느니, 막사발에 찍힌 흔적은 막사발의 마음이고 막산 사람의 그림이고……

화들짝,
졌다가 다시 피는

그대 눈을
보느니

고양이가 서성거리는 골목

추적추적, 비 내리는 밤에 혼자서 떠돌아다니는 그림자가 있다

어디서…흘러왔을까…오래전에…폐업한…식당…앞에서…한…마리…고양이가…어둠이…먼저…길게…훑고…지나간…쓰레기더미를…뒤진다…아직…무너지지…않고…끈질기게…버티고…있는…눅눅한…술집에서…검은…불빛이…흘러나온다…늘…그랬다는…듯…고양이는…입간판처럼…웅크리고…앉아…혓바닥으로…제…몸을…천천히…핥아먹는다…지금…겨울이…아닌…것이…그나마…다행스럽다…그러나…저기…재개발되고…있는…언덕…아래…임신한…골목들은…아무렇게…누워…있거나…그냥…구겨진…채…출산의…고통을…견디고…있다…물컹물컹한…마음…씹어…먹으며…비에…젖으며…앞이…보이지…않는…세상을…견디고…있다

여름은, 욕망이 게워낸 봉분 없는 무덤인가?

독서

- 갠지스강

내 여행의 시작은 오래된 한 권의 책
두꺼운 책갈피를 한 장씩 펼쳐본다
라탄*이 싣고 온 허기, 침 발라서 넘긴다

화장터 에도는 강 고딕체로 눈을 뜨고
밑줄 친 문장들 새가 되어 날아갈 때
시바는 물결 위에 앉아 비문을 해석한다

그림자 나울대는 탄다바 느낌표 같은
맨발의 아이들이 책속에서 달려 나온다
순례자 몸에 새겨진 만 편 뜨거운 詩여

바라나시 아닌 곳 하나도 없다는 듯
소소한 풍경들도 장엄한 역사란 듯
라탄을 생각하는 저녁 뭉클하다, 노을

*릭샤(인력거)꾼의 이름.

해물파전에 대한 평설評說

어둠을 끌어안고 고상한 척 하지 마라
그냥 좍좍 찢어서 먹어야만 제 맛이지
절정의 그 꼭짓점 위해
건배사 하는 저녁

거품 가득 넘치는 술잔을 비울 때마다
슬며시 흘러와서 거친 각질 모두 벗긴
둥둥섬, 저 아득한 벼랑
앞섶이 반짝인다

막무가내로 달려든 나방의 단애 같은
밀려온 먼 파도가 잠재운 혀 짧은 밤
뒤엉킨 네온사인 골목
욕망의 뒤끝 같다

소금꽃 후렴

저녁마다 소금으로 더러운 이를 닦는다
짠맛 가득하지만, 우리네 삶이 진창이니
거울에 비친 내 모습 염전처럼 아득하다

입 안을 헹구는 동안 흘러온 흐린 바다
그 위로 눅눅하게 모로 넘어진 동백나무
지그시, 눈을 감은 채 덧난 상처 핥는다

쌓아놓은 모래의 꿈 파도가 쓸어버리고
이 밤이 깊어지면 저 불빛은 섬이 되나
나는 또 허공의 길을 혼자 지워야 하리

11월

반짝,
나무들이 일제히 불속에 든다

하염없이 연기를 토해내는 저 남자, 한 점씩 허공을 태우며 바스락거리는 남자

어깨에 내려앉은 노을 한참 만지작거리다 구름을 잡아당겨 그 속에 잠기면서 또 한 번, 붉은 길 한 자락 꿀꺽 삼켜먹고

상처 남지 않도록 그림자 묻어버린 뒤 지워버린 자기를 그냥 거기 남겨놓는

저 남자

밀려온 어둠 속에서
쿨럭이는,

남자

낙원상가 근처

날마다 오고 가는 길이지만,
밤이면 나는 골목에서 자주 길을 잃어버린다

퀴퀴한 냄새 먹고 사는 고양이가 숨어 있는지 혹은 내가 알지 못한 만신滿身의 집이 있어 아무도 몰래 향을 피우고 촛불 켜놓고 있는지 아니면 그냥 뜬눈으로 날마다 가랑가랑 숨 몰아쉬고 있는가? 술렁이는 불빛들 마치 신들린 무당이 차려놓은 향기 없는 꽃 같다 누가 이 골목 저 골목 흔적 없이 지울 수 있는지 흐릿한 밤길 어슬렁거리는 고양이의 목에 방울을 달 수 있는지 아무렇게 널브러져 있는 저 얼굴 없는 사랑 모두 날려 보낼 수 있는가? 어둠이 마음대로 들락거리는 집들 이제 너무 지루하고 덤덤하다

충혈된, 사람들의 모습이 귀신처럼 흘러간다

악기

나는 먹감나무도 오동나무도 아니지만
덩덩덩, 내 안에서 무늬가 소리를 만든다
그동안 얽혔던 생각이
길을 찾는 것인데

이 세상 산다는 것은 몸의 병 키우는 일
하루에 수천 번씩 흔들리는 악의 꽃이여
악기는, 그 중심에서 지금
완성되고 있으니

슬픔도 즐겨야만 푸른 공명 갖는 것이고
버린 생각도 잊어야 떠오르는 길이라면
더 깊은 이승을 위해서
나는 나를 지운다

해인海印에서 보내온 화첩

이승의 아름다운 한 채 집 앞에 앉아
백지 같은 내 생을 흔들어 깨운 가을
섬나라 그 수평선 펼쳐
복사뼈 매만진다

지상의 모든 불면 깻단처럼 묶으면서
양장본 시집으로 엮고 있는 햇살이여
추스른 그늘진 시간,
뒤란을 퇴고한다

군말이 필요 없는 선홍빛 행간이지만
단풍나무 고백 같은 서문을 적어놓고
해인의 저 바람소리로
그듸*를 떠올린다

* '그대' 의 옛말.

황악산 고래*를 읽다

붉다,
그 말 속엔 불씨가 숨어있지

쉽게 가 닿아 만져볼 수 없지만

지금껏, 나는 몇 번이나
불꽃으로 살았나?

하늘과 허공 사이 희미한 몸
던져놓고

고래 깊은 아궁이 찬찬히 살펴보면
무수히, 새를 날려 보낸
불의 길이 보인다

*온돌방 구들장 밑으로 불이 통하는 길.

이중섭의 가을

1. 빈집

한평생 빈 몸으로 울울해진 얼굴처럼 습한 벽 끌어안아 희미해진 둥근 거울 이 세상 그림자에 갇혀 쨍그랑, 눈이 멀고

2. 먼 길

돌담을 따라 걷다 넘어져 발목이 삔 개옻나무 몸 파먹어 바싹 마른 햇살들 멀리서 바라만 봐도 명치뼈가 아프다

3. 귀가

저물녘 해안도로 그러안은 노을처럼 마침내 붉은 바다 되감은 몸을 안고 가볍게 수평선 속으로 날아가는 물새들!

立冬

허투루 안 살아도 그렇게 산 것 같은
텅 빈 저 나뭇잎들 가계부 들여다본다
바스락, 마른 한숨이
구석에 더께 쌓인

비바람 삼켜먹고 익을 대로 익은 홍시
해탈을 꿈꾸는지 몰아沒我에 빠져 있다
까치가 무리를 지어
초저녁 파먹을 때

그 누구를 기다리나, 안거에 들지 않고
이끼 낀 너럭바위 만다라 그 지문으로
산문 밖 비탈에 서서
내 속을 매만지는

중천中天

세상의 수컷들이 뼈를 세우는 겨울 하구河口

그날, 내 가슴이 바삭바삭 부서져 내린 저기. 숨죽이며 흐르던 구름이 울컥, 물속에 발목 빠뜨린 저기. 억새꽃 마른 생이 날마다 알몸으로 나부끼는 저기. 어디선가 날아온 새들 켜켜이 울음을 쌓고 또 쌓는,

지상의
가장 낮은 곳에서 떠오르는

아, 저달!

02
월광 소나타

겨울 판화 · 오동도 동백 · 3장 세 수의 봄
다시 쓰는 연서 · 팔만대장경 산벚꽃 · 배꽃 · 구름의 저녁
속리 · 새의 은유 · 버려진 과거 · 꽃에 대한 명상 · 筆生
시크릿 다이어리 · 해바라기 입적 · 월광 소나타
소용골 부추꽃 · 문단 면벽 · 초식동물 생존사
누드 드로잉 · 북삼에 내리는 눈
겨울 묵시록

슬프다,

만 마리 쥐가 갉아먹은

내 모습

- 겨울 판화

오동도 동백

바닷가 그곳에는 오래된
궁궐이 있다

그대는 문득 길을 잃고 창문이 가득한 그 궁궐 속에 갇히리 그리고 창문은 그대를 끝없이 열었다가 닫으리 그렇게 바다를 바라보는 동안 반짝이는 유리의 파편들이 비늘처럼 살에 박히고 창문은 오래오래 그대를 기억하리

바닷가 그곳에 가면
만 마리
불새가 난다

3장 세 수의 봄

아버지의 오락은 끊을 수 없는 술이었지
봄이면 대낮부터 아득하게 휘청거렸어
엄마는 꽃구경도 못하고 일찍 늙어버렸다

세월은 속수무책 그렇게 두 눈이 멀었고
해마다 이 산 저 산 울음이 된 소쩍새
우리는, 철딱서니 없이 혼자서 철들었다

돌이켜 생각하면 나는 슬픈 백성이었어
날마다 흩어지는 저 구름의 그림자였지
오늘은 다 잊어버리고 마냥 꽃을 품는다

다시 쓰는 연서

금이 간 시간들을 햇살로 문지르듯

오늘은 찻잔처럼 그대 바라보고 싶습니다

저토록, 목련이 피는 동안

목련꽃이 지는 동안

숨겨서 우묵해진 얼굴을 맑게 닦고

고요한 찻물처럼 그대에게 가고 싶습니다

화들짝, 여름이 오기 전에

이 봄이 가기 전에

팔만대장경 산벚꽃

봄이 오면 어깨가
탈골되는
남자 있다

긴 밤이 물고 있는
비린 기억 되삼켜

죽어도
죽지 않는 목숨

다시, 몸에
새기는

배꽃

한 줌 햇살 받아먹고 허기를 달래지만 가난한 저 아이들 하얀 이齒牙 드러낸다

부자인, 그대 자식보다 더 아름답고 곱다

구름의 저녁

- 모란꽃에게

가슴과 무릎 사이 얼굴 깊이 파묻고
붉도록, 애인이여 그대를 삼키고 싶다
무성한 바람의 터럭
한 올씩 핥은 뒤에

낮출 만큼 몸 낮춰 행간을 떠올리며
울면서 날아가는 새들 모두 불러 모아
비탈진 그 마음의 허공
단숨에 지우고 싶다

손 없는 맑은 날엔 남으로 흘러가서
날마다 뭉게뭉게 그대 허리 잡아먹고
뜨겁게 내 몸 되감아
붉은, 아이를 낳고

속리俗裏

가장 아픈 자리에
한 채
집을 지었다

사랑한다!

귓속말 불어넣은
누옥屋陋,

참새가
들락거렸다

다섯 개 알
낳았다

새의 은유

도둑고양이에게 생선가게를 통째로 맡겨놓은 듯,

백주대낮, 우리나라 둥근 지붕 안에 하릴없는 인간들이 떼로 모여 술 취한 시정잡배처럼 자주 혈투가 벌어지는데요 주인공은 다름 아니라 미친, 개들인데요 고분고분 굽실굽실 꼬리 살살 흔들던 개새끼들이 밥그릇 앞에 놓고 서로 물어뜯으며 자주 개판을 벌이는데요 주인도 몰라보고 으르렁, 으르렁 어금니 드러내며 미친 듯이 날뛰는데요 저 개새끼들 굴비 엮듯이 엮어 모두 철창 속에 가둬 **경기도 파주시 적성면 무건리**로 데려가고 싶었데요 그곳에서 한껏 물올라 살에 착착 감기는 물푸레나무로 흠씬, 뼈에 식은땀이 나도록 찜질을 해주고

얼굴에, "옜다 엿 먹으라!" 물똥 또 짝 갈기고 싶은데요

버려진 과거

가마솥 땡볕이 지글지글 끓는 대낮, 음표의 그림자들 수풀 속에 나뒹굴고

앰프는 경고장을 안고 우두커니 서 있다

먹통이 된 세월 수거되지 않는 여름, 사육된 이야기 오래오래 주고받는다 온종일 조문하듯이 바글대는 매미들……

그래도 나름대로 한 목청 자랑했을, 겉 봐선 멀쩡한데 속이 텅 비어 있는

누군가 몰래 내다버린 먹먹한 몸을 읽다

꽃에 대한 명상

화르르, 불타오른 꽃은 바람의 외설이다

筆生

몸 붉은
장엄이다,
솟구쳐 오른 해는

소소한
풀잎 풀꽃 그 내성
휘어감아

흐르는
허공의 바다

지상에
내려놓고

시크릿 다이어리

- 남해

어디론가 사라졌다가 점점이
다시 떠오른
짙푸른 섬 하나를 애첩으로 품고 싶다
내 앞섶 아주 얇게 펼쳐
바다가 되고 싶다

문자차단 수신거부 세상을 내려놓고
무인도 그 끝에서 더 붉어진 노을처럼
여릿한 그리움을 닦는
발신인이 되고 싶다

안개는
문밖에서 오랫동안 서성였다
갈매기 알詩들이 부화하는 저녁이면
가끔씩, 나도 날 볼 수 없어
섬의 배후가 된다

해바라기 입적入寂

바람에 쫓기듯이
추레하게 지기 전에

희미한
그림자를 서둘러 수습하고

가볍게
제 몸을 말아

노을 속에
잠긴다

월광 소나타

수많은 음표를 가슴으로 품고 있는
아내의 몸속에는 둥근 달집이 있다네
미완성 노래가 떠다니는
그런 밤도 있다네

두 발목 휘어감은 에움길 어지러워
높은음 그 자리에 마디숨을 던져놓고
가끔씩 눈멀기도 하네
불쑥, 달 떠올리네

아내의 몸속에는 우물 하나 있다네
달맞이꽃 음계가 샛노랗게 얼비치는
그 모습 너무도 아련해서
다시 건반을 두드리는

소용골 부추꽃

음각한

보름달을 홋승으로 띄워놓고

돌아온 그날처럼 다시 떠난 그 밤처럼

마음껏, 불면을 펼치는

호접몽 저

뭇별!

문단文壇 면벽

- 그대에게

날마다
응시한다고 저 벽이 무너질까?

때로는 스스로 문 닫아걸고 어둠도 잘디잘게 찬찬히 씹어볼 일. 고요도 단맛이라 침묵에 젖고 또 젖으면 절절한 꽃 한 송이 벽 속에서 피어날지도 몰라!

나는 또, 벽 앞에 앉아
벽이 된 詩를
바라본다

초식동물 생존사

인간의 숲 속에서 불빛이 수런댄다

디지털 방식으로 제 몸을 핥아먹고 뼈 많은 정글의 시간
더듬이를 자르고

어슬한 가로수가 털어낸 비늘인지 새 떼가 공중에서 우수수 떨어진다 떨어져, 지상에 안겨 눈을 감는

저, 그늘……

저문 이 세상이 아프리카 밀림인가 우림의 골목마다 모여 앉은 사람들

오늘도,
그림자 울대를 열어

울음을

쏟
아
낸
다

누드 드로잉

날마다

아버지는 아버지를 지워버렸고

아버지와 아버지를 아버지가 지워버렸고

버릴 것 하나도 없는

텅 빈,

엄마의

집

북삼에 내리는 눈

허공을 삼켜먹은 바람의 생애처럼 땅에 닿자마자 눈은 스스로 자기를 버린다 붉은 신호등도 건널목도 가볍게 지워버린다 내 안에 머문 하루가 어두워지면서 조금씩 고요해진다

사랑은 묘사描寫일까 혹은 말없는 고백일까? 내리는 눈을 바라보며 나는 잠시 내 안에 잠긴다 생각이 너무 많아 말라죽은 한 그루 나무가 점점이 눈 속으로 사라진다 가볍게 떠돌던 세상의 소문 지상으로 모두 하얗게 가라앉는다

가는 길 보이지 않아도 행복한 밤이 있다

겨울 묵시록

1

그대가 보내주신 바다를 펼치는 밤

놀란 듯, 내 몸에 숨어있던 상처들이 일제히 파닥거렸어요 지난날 모른 척 했던 슬픔들이 우우우, 저마다 푸른 날개를 달고 가볍게 달 속으로 날아갔지요 그동안 헤아리지 못한 도둑고양이의 울음도 은은한 달빛 흠뻑 머금어 아름다운 바람의 풍경으로 떠올랐어요 그 뒤를 따라 그대에게 가는 희미한 길이 거짓말처럼 선명해졌지요 마치, 오래된 역사의 수면처럼 바다는 끝없이 찰랑거리며 어둠을 씻어냈어요 나는 고요히 눈을 감고 처음으로 보았던 세상을 다시금 세세하게 떠올렸지요 파도가 새김질하는 해안선의 벼랑도 그대 기다리던 그때의 마음처럼 반짝거렸어요 그 순간, 쉽게 붙잡을 수 없었던 수평선이 소리 없이 다가와 조용히 내 몸을 휘감았지요 그리고, 날마다 무인도로 떠돌았던 아픈 기억들도 한 점씩 채색되어 금세 따뜻해지면서 두근거렸어요

늦도록, 바라본 어둠이 모두 다 詩였지요

2

블랙홀 그 속에서 스스로 길을 찾아 은색의 몸짓으로 내 모습 부둥켜안고 푸르게 세상을 읽은 별이 청어 떼로 날아왔어요

03
소용골 매화꽃

지리산 물매화 · 소용골 매화꽃 · 음력 4월
오름에 관한 보고 · 사막으로 읽은 마태복음 · 누에스님
갈매기 · 노래방 · 방어진 원추리 · 폭포 · 한꽃송이 붉은 여자
허공을 만나 오랫동안 흔들리다가 · 독거의 詩
역경 · 0 · 물집 · 감나무 아야기 · 하현달
몰아 · 雪景 · 심우도

오늘

한 여자가 내 몸을 흔들었네

뱀 꼬리 물고 앉아 고요를 되새김하며

물처럼, 물소리처럼

반짝이는

여자!

- 지리산 물매화

소용골 매화꽃

눈부신

햇살의 침針으로

뼈에 새긴

그,

몸詩

음력 4월

- 星州李公源爽後孫納骨堂

보름달 어머니가 살며시 찾아왔습니다

소쩍소쩍, 아버지가 엄마를 부릅니다

창포꽃 기다리는지, 형은 여태 안자고

오름에 관한 보고

느릿느릿 풀을 뜯는 한우의 모습처럼 고요한 사람들은 오름을 품고 산다 티 없이 맑은 그늘에 웃음을 방목한 채

돌담 낮은 무덤도 에둘러 오르다보면 안개를 쓰다듬어 보랏빛 하늘 품은 산수국 그림자가 된 잡목 숲이 환하다

절창도 이곳에선 그냥 잡담이 될 뿐, 굴곡 많은 사연들 엉겅퀴로 피어나서 몸속에 잠긴 슬픔을 공중에다 날리고

편편히 주저앉아 느낌표를 쏟아내는 중년 여인 둔부 같은 오름을 읽다보면 풀들이 이 세상에서 그리운 시인이다

사막으로 읽은 마태복음*

뜨거운 햇덩이를 허기진 등에 지고 내 몸에 박혀버린 불룩한 낙타의 생애,

새가 된 발자국들은 동쪽으로 날아갔다

어둠이 기다랗게 끌고 온 수로水路인지, 길도 아닌 것들이 호수처럼 반짝일 때 웅크린, 독사 같은 밤은 언덕에 파묻힌다

보름달 꿈틀꿈틀 지상에서 떠오르고 무수한 별의 허공 모래 위에 쏟아지면

낙타가 깔고 누운 울음, 꿈결처럼 들썩인다

*마태복음: 이탈리아 영화감독 '파졸리니'의 다큐멘터리 영화.

누에스님

우리의 한살이는 그닥 긴 시간 아니라고 네 번 얇은 잠과 그 꿈 깨면 끝이라고 스스로 일간초옥一間草屋 지어 열반에 드시는

詩여!

갈매기노래방

- 소래포구

개흙이 들어 올린 좁고 긴 다리 건너간다

주인도 없는 점포에서 흘러나오는 유행가가 젖는다 몸에 파도를 감춘 여자의 앞섶 흠뻑 젖는다 연거푸 목구멍으로 소주를 삼키는 남자의 뒷모습 시나브로 젖는다 슬픔도 모이면 개펄이 된다고 중얼거리는 바람 젖고 또 젖는다 만선의 꿈 지워버리고 정박해 있는 낡은 목선 속절없이 젖는다 기울어진 뱃전에 아무렇게 던져놓은 여름 오후 4시 29분 59초가 젖는다

목청껏, 소리 질러도 썰물인 사랑이여

방어진 원추리

오지 않는 한 남자 한사코 기다리며

이 세상 눈시울에 가로등 밝혀 놓고

여자는, 바닷가에 나앉아

푸른 귀를 자른다

등 뒤의 그림자가 눈 감는 시간이면

파도가 토해내는 그리움도 꽃이라고

달 속에, 앙가슴을 던져

새김질하는 저 여자

폭포

눈
뜨고
보지못한
시간의뼈마디위에
눈감고바라보는아득한벼랑
위에누군가몰래던져놓고간수많은
!
!
!
!

한꽃송이 붉은 여자

- 정신병동에서

천 개의 억센 가시 가슴에 박혀 있는
그림자에 갇혀버린 한 그루 저 엄나무

날아든 새 울음소리에도
파르르, 몸을 떤다

무엇을 바라보며 저리 오래 생각할까?
헝클어진시간을손에쥐고어지러운기억의밤을입에물고
결 고운 호수를 떠올렸나,
잎사귀가 반짝인다

먹먹했던 슬픔이 풋잠 속에 잠겼는지
딱딱한 그리움을 녹여먹는 공복의 시간

지그시, 날 바라보며
배시시 웃는 꽃

허공을 만나 오랫동안 흔들리다가

우듬지
저 연한 길이 내 몸 붙들고 있지만
하늘을 그리워한 그림자는 허공이라고
고향집 낡은 지붕에 우두둑,
떫은 감이 떨어진다

뽑아도 돋아나는 풀의 질긴 독기 앞에서 바람이 남긴 낙서 오래 읽고 있는 새여 더디게, 시간은 흐르며 왜 자꾸 눈 비비는가?

하루가 저문다는 건 허공을 읽었다는 뜻
사라지는 햇빛 한 줌 서둘러 움켜쥔 채

몸속에 버려져 있는 빈집,
조용히 허무는

나무!

독거獨居의 詩

외로운 사람들의 에굽은 길을 위해
그가 남긴 재산은 사회에 환원되었다
찢겨진 그림자의 마음
새가 되어 날았다

때로는 주저앉아 동굴이 되었지만
주목받지 못한 생 그래도 뜨거웠다고
아득한, 그녀의 골목이
선명하게 타올랐다

비유와 상징으로 겉도는 세상에서
해우소 묵언 혹은 해탈의 풍경 같이
골바람 직설화법으로
밤을 지운 꽃이여

역경譯經

- 분재盆栽시인 우탁 氏

살에 박힌 옹이는 바람의 풍경이라네

하늘을 닮고 싶은 소나무 가지들처럼

하나씩, 실점을 찍으며

절명시를 쓴다

가슴이 되어버린 흰 구름 부둥켜안고

논어 양화편을 읽을 만큼 다시 펼쳐

웃는 듯, 울먹이는 듯

노을 속에 잠기다

0

0은 나의 애인, 내 안에 0이 있다
0을 위해 밤새도록 내 몸을 뒤척이고
오늘도, 0을 생각하며
아침을 맞이한다

0은 나의 구름이고 0은 나의 바람
0을 안고 0을 빼고 0에다 0을 곱한다
햇살이 반짝거리는 건
다 0이 있기 때문

하지만, 0은 자주 슬픔에 젖어 있고
0은 또 비수처럼 예민하고 무섭지만
언제나 나는 0의 애인,
날마다 0을 그린다

물집

그리운 마음이었다고 상처를 해석하네

세상 모든 사랑이 행복한 자궁이라고

둥글게 부풀어 오른 내 몸을 터트린다

감나무 이야기
- S시인에게

오랫동안 그늘에서 웃자란
나무를 벤다
궁금한 한 세월이 비로소 문을 열고
혼자서 캄캄해진 몸,
톱밥으로 흩어진다

있어도 없는 듯이 그림자 삼켜먹었던
한 번도 날지 못한 퇴화된 날개 위해
흔적만 선명하게 남은
그리움을 지운다

꽃 피던 시절에도 모습을 감추었지만
먹구렁이 하얀 허물 한 겹씩
걷어내고
이제는, 더부룩한 시간
구름 속에 던진다

하현달

허기진

고양이가 살금살금 찾아왔습니다

이슬 젖은 밤을 적막하게 핥아먹고

한 마리, 외로운 고양이

서쪽으로

흘
렀
습
다 니

몰아沒我

1

이 눈치 저 눈치 모두 벗어던진 겨울

적막한 산 텅 빈 숲이 새소리에 금세 울창해진다. 반짝거린다, 눈길이여. 골짜기 얼음 위에 내려앉은 맨 처음 상상력이었던 흰 눈이여. "나는 이제 나의 동경을 갖고 어디로 올라가야 하는가? 나는 모든 산봉우리 위에서 내 아버지의 나라와 어머니의 나라들을 바라다보았다. 그러나 어디에서도 고향을 찾을 수 없었다. 나는 어느 도시에도 정착하지 못하고 성문을 떠나는 영원한 출발자이다." 짜라투스트라여 "나는 나의 고산 기슭에 살고 있다. 그런데, 나의 고산의 높이는 얼마나 될까? 그것을 나에게 말해준 사람은 아직도 없었다. 그러나 나는 나의 골짜기를 잘 알고 있다." "오, 짜라투스트라여, 산을 옮겨야 하는 자는 계곡과 평지도 또한 옮겨야 하는 것이다." 하지만, 그 누가 그 사실을 이해하겠는가? "밤의 가장 고요한 시간에" 먼 우주의 별이 보이는 것을

그렇지, 무심히 사는 것도 또 하나의 길이라고

2

못 이룬 지상의 꿈이 봄날처럼 환하다

*인용문은 '니체'의 저서 『짜라투스트라는 이렇게 말했다』 中에서.

雪景

메마른
나뭇가지 끝자락에도
눈 내리고

바람에 이리저리 그 눈길
흩날린다

가난한,
사람들 눈빛이
모두 그런
것처럼

심우도尋牛圖

눈 코 입 귀도 없는 너의 詩를 뒤적이는데 아득한 책 속에서 사람들이 걸어 나왔다

이제는 어둠을 만나도 술술술 잘 읽히리

| 자전적 시론 |

상상력이 떠올린 아치雅致 혹은 아치arch

- 현대시조 형식미학을 중심으로

| 자전적 시론 |

상상력이 떠올린 아치雅致 혹은 아치arch

- 현대시조 형식미학을 중심으로

이교상

1

부박한 현실에서 삶의 파란波瀾을 견디는 사람들을 떠올린다. 문학을 우듬지에 올려놓고 지렁이처럼 온몸으로 지상을 필사하는 시인들을 생각한다. 그리고 그 아득한 길의 행간에 돌탑을 쌓듯, 다채로운 상상의 지문으로 예민하게 세상을 창조하는 필생을 그리워한다. 그리하여 나는 다시 끝없이 구렁으로 흐르는 저 아득한 바람소리를 귀로 보고 눈으로 듣는다.

필생! 그 간절한 마음이 아직도 우리들 삶의 중심에

존재하고 있는 것은 기적이다. 그것은 현재 조발성치매에 걸린 사람들을 치유하는 꽃이기도 하지만, 기형적으로 비대해지고 조악하게 권력화 된 문단의 그늘에 종속돼버린 시인들을 부끄럽게 지우는 태양이 될 것이다. 그리하여 막힌 혈穴을 찔러 검은 피를 뽑아내는 아린 침鍼이 될 것이다. 나아가 음흉한 마음을 숨긴 채 오로지 자신의 욕망을 위해 끊임없이 정치지향적인 성향을 띄고 있는 시인들을 호되게 매질하는 한 그루 물푸레나무가 될 것이다.

모든 예술은 편견의 속성을 지니고 있지만, 그러나 나는 삶의 중심이 아닌 언저리에서 꽃을 피우고 있는 인간의 진실을 경외하고 숭배한다. 그리고 가파른 언덕을 구르고 미끄러져 내리는 나무의 그림자들을 바라보면서 문득, 세상에 비주류로 살아가는 사람들이 이 땅의 가장 아름다운 필생이고 시인이라고 확신한다.

전설에는 보랏빛 향기의 비누냄새가 난다. 생을 선명하게 필사하지 못한 인간의 지난한 풍경을 붙안은 저 풀꽃, 한 번도 중심에 들지 않고 외곽에 존재하면서도 가녀린 인간을 우짖는 저 새들이 다 자유로운 영혼을 지녔다. 난분분 흩날리는 인간의 역사를 조용히 점묘하며, 날줄과 씨줄로 가볍게 지상을 들어 올리는 바람이 오늘도 보랏빛 향기의 비눗방울을 만들고 있으니…… 따지고 보면, 그 누가 재촉하지 않아도 스스로 보석처럼 반짝거리는 저 햇살이 모두 다 찬란한 전설이 아니겠는가!

우리의 삶으로 수렴되지 못하는 상상력은 모두 허상에 불과하다. 그러나 아이러니하게도 그 허허로운 눈빛이 뜨겁고 감동스러운 시의 길이 되고 또 시인의 내면이 된다는 것은 시사만화時事漫畵다. 마치 지혜의 강이 물의 그림자로 시를 쓰듯, 혹은 그 물 위에 둥둥 떠다니는 가벼운 나뭇잎들이 붉게 물든 저녁을 온몸으로 읽듯, 시의 언어가 떠올린 상상력은 언제나 강의 빠른 유속을 마법처럼 어루만진다. 그리고 조용히 사라짐으로써 그 자리를 다시 자연스럽게 감싸 안는 상상력이 인간의 마을에가 닿아 부드럽게 어둠을 휘감는다.

그렇듯 길은 늘 아득하게 사라졌다가 다시 선명하게 떠오른다. 세상에 떠도는 상념까지도 밤하늘에 떠있는 보름달과 별들에게 이어놓고, 그 허공을 빛나게 한다. 그리고 아련해진 전설을 하나씩 불러 모아, 다시 멀리서 흘러오는 새로운 전설의 여린 꿈들을 포섭해 인간의 현상학으로 기억한다. 그리하여 마침내 바람의 흔적과 또 구름이 뭉게뭉게 머물렀다가 흘러간 그 추억의 공간에 한 편 시를 떠올린다.

2

이 글은 시조 작품에 대한 비평의 관점에서 빗겨나 있다. 작품들에 대한 의미를 해석하거나 그 가치를 평가하는 것은 비평가의 몫으로 남겨놓고 다만, 정리되지 못한 시조 형식에 대한 생각들을 다시 한 번 되짚어본 것이다. 그러니까 이 글의 요지는 시조의 정체성인 정형성을 담보하면서도 형식을 포괄할 수 있는 미학에 대한 생각을 개괄적으로 서술한 것이다.

그동안 시조를 규명하기 위해서 많은 노력들이 다양하게 전개되었다. 그렇지만 아직도 시조의 형식에 관한 의견이 분분하다. 학자들의 논리에서도 그 차이를 쉽게 발견할 수 있고, 현재 창작주체들 간에도 그에 대한 관점이 확연히 다른 모습을 보이는 것 또한 사실이다. 그러면 그러한 인식의 차이는 도대체 어디에서 오는가? 그것을 한 마디로 정리하면 경직된 사고체계에서 비롯된 아집의 소산이란 것이다. 시조는 '형식에 갇힌 문학이 아니라 형식을 갖춘 문학' 임을 깊이 자각한다면 그러한 논쟁은 무의미해진다. 우리가 내용의 중요성을 망각한 단순한 형식논리의 집착에서 벗어났을 때 시조는 더욱 다양성을 확보하며 활성화될 것이고, 나아가 현대문학으로서의 그 존재가치가 더욱 긍정적으로 사람들에게 인식될 수 있는 것이다.

잘 알다시피, 시조에서 고시조와 개화기시조의 차이가 '노래하는 시조'와 '읽는 시조'의 차이이다. 그리고 개화기시조와 현대시조의 경계는 '창작의식 유무'에 있다. 의식은 항시 변화를 추구하고 유동적이므로 한군데 붙잡아 두려고 하면 적극적으로 탈출구를 찾는 심리를 지니고 있다. 그럼에도 불구하고 그동안 우리의 시조는 고정된 형식에 매몰되어 시조의 미래를 향한 새로운 비전을 적극적으로 제시 못했다. 오늘날 시조가 독자층을 잃고 그 매력이 퇴색된 이유는 사람들의 의식 변화를 예민하게 감지하지 못했기 때문임을 인지해야 한다. 시조가 우리 민족의 혼이 깃들어 있는 고유한 문학양식으로서의 정형시이며 민족시라는 것을 모두가 인정하고 있지만, 그럼에도 불구하고 오늘날 현대시조의 위상이 매우 불안한 것은 오랫동안 정체되어 있었던 결과이다.

우리의 시조가 문학의 중심이 되지 못한 이유를 나름대로 분석해 보면 첫째, 학술적 차원에 초점을 맞추고 있는 이론 중심의 논리들을 창작주체들이 발전적으로 극복하지 못했다는 것. 둘째, 그동안 잘못된 형식론을 바탕으로 맹목적으로 창작이 이루어졌다는 것. 셋째, 개화기 이후 발생한 현대시조에 대한 실험적 의지를 후대가 더 한층 활성화 시키지 못했다는 것. 넷째, 그럼으로써 시조가 여전히 고풍스러운 모습으로 사람들에게 인식되고 있다는 것. 다섯째, 다양하게 변화는 시대상황과 현대의 정서를 작품에 적극적으로 반영하지 못했다는 것. 여섯째, 그 결과 필연적으로 발생할 수밖에 없는 시조에 대한 사람들의 무관심과 시조 인구의 이탈 현상을 재촉했다는 것. 일곱 번째, 창작의 한 축을 담당하고 지탱하는 평론가들의 부재 등을 들 수 있다.

시조의 현실은 현재 한국문학의 중심에서 외곽으로 밀려난 처지에 놓여 있다. 그 까닭은 위에 밝혔듯이 여러 가지가 있겠으나, 무엇보다도 가장 큰 원인은 형식에 압사당한 상상력의 결핍이라고 단정 지어도 시조시인들은 부인하지 못할 것이다. 이러한 사실은 시조의 존재 이유에 대해 앞으로도 끊임없이 의구심을 받는 이유가 될 것이고, 또 시조가 지니고 있는 미학적 가치가 심각하게 부정되는 양상으로 급속도로 전이될 수밖에 없다. 이러한 부작용을 어떻게 극복하고 치유하느냐는 순전히 시인들의 몫일 수밖에 없는 현실이다.

중심이 삶의 지향점이 된 현대에서 시조는 과연 어떤

문학적 의미를 지니고 있을까? 그리고 시조가 현대의 시로서 자유시 못지않게 창의적 상상력을 어떻게 활발하고도 다양하게 떠올릴 수 있을까? 이런 의문을 가지고 오늘 다시 시조의 형식을 조망하는 까닭은 시조가 지니고 있는 역사적 표정과, 시조로 귀결되고 정제될 수밖에 없는 미래의 문학으로서 그 존재의 가치를 감지하기 때문이다.

3

끝없는 자유로움과 분방함을 추구하는 현대시에서 시조의 형식은 매우 불필요하고 거추장스러운 '틀'로 인식될 수 있다. 그러나 깊이 따지고 보면 시조의 형식은 구속의 의미보다 우리 민족 최대의 미적 공약수를 반영하고 있다. 그러한 사실은 우리말이 지닌 언어의 구조적 측면에서도 쉽게 확인할 수 있다. 잘 알다시피 시조는 한 장이 4음보격의 정제된 양식으로 이루어져 있다. 음보를 형성하고 있는 음절이 보편적으로 3·4조의 리듬을 갖는 것은 대체로 2음절과 3음절의 체언으로 이루어진 우리의 말에 조사가 붙었기 때문이다. 그리고 문어체보다 구어체가 성한 우리의 일상적 대화를 살펴보면 문장의 압축뿐만 아니라 단어들의 압축현상이 두드러진

양상을 보인다. 주지하다시피 구어체에서는 주격조사와 목적격조사를 생략해도 의미의 전달에 별다른 문제가 생기지 않는다.

이와 같은 우리말의 특성을 시조는 형식으로 포괄하고 있는 것이다. 그럼에도 불구하고 시조가 여전히 왜곡되는 이유는 그동안 애써 형식을 자수로 고정시키려고 한 지나친 태도에 기인한다. 만약에 시조가 지니고 있는 개방적 요소를 지우지 않고 깊이 인식했다면, 그리고 시조의 운율을 광범위하게 의미단위 등으로 헤아렸다면 시조의 그릇에 담겨지는 내용은 아마도 진즉에 확연하게 달라졌을 것이다. 그러므로 이제는 시조의 정신과 창작의 본질이 훼손되고 방해되지 않도록 형식의 변용도 적극적으로 인정하고 받아들여야 한다. 그것은 해답 없는 어리석은 논쟁을 종식시키고, 나아가 창작주체들이 왕성하게 창작활동을 할 수 있는 그 기반이 된다.

시조도 자유시와 마찬가지로 비유가 본유개념일 수밖에 없다. 다만 시조는 운율이란 규칙적인 정형성을 나름대로 지니고 있다는 것이 자유시와의 변별성이라고 할 수 있다. 그러나 시조의 운율은 다른 나라의 정형시와는 달리 일방적이지 않고 보다 유연한 리듬을 내포하고 있다. 그러므로 현대시조는 음수율에 대한 집착을 버리고 자연스러운 음보와 의미단위로 운율을 다스려야 한다. 만약에 그러한 시조의 형식미학을 잘못 이해하고 운용한다면 비유가 약해지는 현상을 초래하면서 내용은 어쩔 수 없이 이내 형식에 짓눌리고 만다.

문제는 시조의 운율을 어떻게 보듬어서 정형성을 유지하느냐가 관건이다. 시조에서 '형식을 벗어나면 시조를 탈각하게 되고 비유를 등한시하면 시조가 고루' 해질 수 있다. 그러므로 창작에 있어서 무엇보다도 유의할 점은 이 두 가지를 잘 조화시키는 일이다. 다음 필자의 평시조 작품들을 시조의 형식과 문장을 이해하는 데 하나의 사례로 제시한다.

> 내 여행의 시작은 오래된 한 권의 책
> 두꺼운 책갈피를 한 장씩 펼쳐본다
> 라탄*이 싣고 온 허기, 침 발라서 넘긴다
>
> 화장터 에도는 강 고딕체로 눈을 뜨고
> 밑줄 친 문장들 새가 되어 날아갈 때
> 시바는 물결 위에 앉아 비문을 해석한다
>
> 그림자 나울대는 탄다바 느낌표 같은
> 맨발의 아이들이 책속에서 달려 나온다
> 순례자 몸에 새겨진 만 편 뜨거운 詩여
>
> 바라나시 아닌 곳 하나도 없다는 듯

소소한 풍경들도 장엄한 역사란 듯
라탄을 생각하는 저녁 뭉클하다, 노을

*릭샤(인력거)꾼의 이름.

—「독서 - 갠지스강」 전문

위의 시조는 전형적인 장배열 형식으로 내용을 아우르고 있다. 인간의 내면과 정신의 책갈피를 읽고 기록한 시편으로서, 고단하고 지친 현대인의 심리 상태를 형상화하려고 시도한 작품이다. 인간은 허기질수록 더욱 간절해진 그리움을 암송하고픈 결 여린 감성을 지니고 있다. 그러므로 시적 화자는 오늘도 갠지스강 노을처럼 서성거리며 삶의 본질을 깨닫는다. 하지만 그 어떤 사유도 뒤집어 그 속을 들여다보면 터럭 같이 하잘 것 없는 허공이므로, 세상에 존재하는 모든 이미지와 또 현재 존재하지 않음으로서 더욱 심오해진 자연을 모티브로 떠올려 어지러운 내면의 안정을 소원한다. 그리하여 몸 안에 바글대는 욕망에 의해 날지 못하는 인간의 생을 다시금 붉게 읽고 그 마음에 깊이 젖는다.

「독서 - 갠지스강」은 시조의 정형성을 그 바탕으로 떠올린 상상력이 자유시처럼 아주 자연스럽게 해석이 되기를 원한다. 이렇듯 현대시조는 형식을 내밀화한 상태에서 펼쳐지는 심상을 자유롭게 세상에 날려 보냈을 때 그 의미가 녹녹해진다. 형식을 의식하지 않는 표징으로서의 소통은 앞으로 현대시조가 나아갈 방향인 동시에 관전 포인트라고 할 수 있다. 그러나 설령 아무리 탁월한 비유라고 하더라도 복잡한 인간의 마음과 정신에 가 닿지 못한다면 그것은 말짱 도루묵이다.

> 가마솥 땡볕이 지글지글 끓는 대낮, 음표의 그림자들 수풀 속에 나뒹굴고
>
> 앰프는 경고장을 안고 우두커니 서 있다
>
> 먹통이 된 세월 수거되지 않는 여름, 사육된 이야기 오래오래 주고받는다 온종일 조문하듯이 바글대는 매미들……
>
> 그래도 나름대로 한 목청 자랑했을, 겉 봐선 멀쩡한데 속이 텅 비어 있는
>
> 누군가 몰래 내다버린 먹먹한 몸을 읽다
>
> —「버려진 과거」 전문

현대시에 있어서 자유시와 시조가 추구하는 바는 서로 다르지도 않고 전혀 이질적일 수 없다. 다만 장르적

인 속성으로 인해 그 표정이 약간 차이가 있을 뿐이다. 형식은 매우 중요한 시조의 기저이지만, 그러나 내용에선 자유시와의 변별성을 찾기 어려워야 한다. 만약에 시조가 형식에 강하게 흡착되어 귀속된다면 더욱 풍부한 상상력을 저장하고 떠올릴 수 있는 공간을 확보할 수 없게 된다. 그리고 새로운 의미를 부여할 수 있는 여력이 떨어져 세상에 가볍게 버려지고 떠도는 상처와 슬픔까지 부둥켜안는 데 무리가 따를 수 있다.

이처럼 현대시조는 자유시의 운율인 내재율을 포섭하면서 외형을 다채롭게 확장할 수 있는 여유로움이 필요하다. 그저 맹목적으로 전통적인 방식을 추종할 것이 아니라 그것을 창조적으로 재해석하고 다채롭게 응용하는 융통성이 필요하다. 그럼으로써 시조가 '버려진 과거'의 문학에서 다시 한 번 스스로 날개를 달고 비약을 꿈꿀 수 있게 된다. 만약에 위의 작품이 자유로운 방식으로 운율을 다스리지 않았다면 어떻게 되었을까? 시조의 각 수에서 연과 행을 구분하지 않고도 유연한 시적 감성을 확보할 수 있다면 그것이 최선이겠으나, 그러나 무엇보다도 형식에 집착하지 않고 놓아버림으로서 그 형식이 더욱 보편성을 띄게 된다는 사실이다. 그것이야말로 현대시조가 더욱 광범위한 현실의 아고라로 나갈 수 있는 하나의 방법이 되지 않을까?

현대시조는 정형성을 아우르면서 다양한 내용과 형식의 변주를 통해 보다 적극적으로 현대성을 모색해야 한다. 지금 현대시조는 창작주체들에게 두 개의 요건, 즉 시조의 현대성과 정체성이라는 문제를 던져놓고 자유로운 진정성을 요구하고 있다. 형식을 운용함에 있어서도 내용에 가장 잘 어울리는 리듬을 찾아 다양하고도 자연스럽게 새로운 형식을 모색해야 한다. 그렇게 함으로써 시조는 더욱 역동성을 지니게 된다.

그렇지만 이와 같은 형식을 취할 때 몇 가지 중요한 사실이 존재한다. 첫째는 시조는 '행의 개념' 보다 '장의 개념' 으로 파악해야 하고, 각 장에서 나름대로의 주어를 분명히 확보해야 한다는 것. 둘째는 한 장이 종결어미가 아니고 연결어미로 놓인다 하더라도 종결의 의미를 지녀야 한다는 것. 셋째는 각 장의 내용이 한 편의 시로서 서로 유기적 관계를 충분히 가져야 한다는 것이다. 그럼으로써 시조의 정형성이 충분히 담보되고 확인될 수 있다. 그렇지 않을 경우 그 시는 시조가 아니라 자유시가 될 수 있음을 각별히 유념해야 한다.

어디론가 사라졌다가 점점이
다시 떠오른
짙푸른 섬 하나를 애첩으로 품고 싶다

내 앞섶 아주 얇게 펼쳐
바다가 되고 싶다

문자차단 수신거부 세상을 내려놓고
무인도 그 끝에서 더 붉어진 노을처럼
여릿한 그리움을 닦는
발신인이 되고 싶다

안개는
문밖에서 오랫동안 서성였다
갈매기 알詩들이 부화하는 저녁이면
가끔씩 나도 날 볼 수 없어
섬의 배후가 된다

—「시크릿 다이어리 - 남해」 전문

위의 시조는 '비밀' 을 비밀스럽게 발설하고 있다. 그 순간, 그동안 혼자 몰래 가슴에 품었던 비밀은 비밀이 되지 않고 한 점 "짙푸른 섬" 이 되어 "애첩" 같은 애인으로 다가온다. 감성의 결이 아슬아슬하지만 "무인도 그 끝에서 더 붉어진 노을" 이 질펀해진 마음을 부둥켜 안는다. 안으면 안을수록 "나도 날 볼 수 없"는 "섬의 배후가" 되는 쓸쓸한 풍경에서 간절함이 묻어난다. 만약에 이러한 내용이 단조로운 형식에 이유 없이 갇힌다면 감동은 어쩔 수 없이 줄어들 수밖에 없다.

시조의 운율은 스스로 허울을 벗고 자유로울 때 비로소 그 빛을 발한다. 시조의 아우라는 당대의 정서를 개성적이고 다양하게 펼쳐냄으로서 인간의 보편성에 가닿을 수 있다. 시조의 표기가 상징하고 있듯이 시조는 글의 의미보다 때를 중시한다. 그 말은 시조가 현대인의 복잡하고 미묘한 행동양식을 적극적으로 수용하고 함축해야 한다는 뜻이다. 그동안 시조가 간과한 것은 형식에 너무 지나치게 방점을 찍음으로서 내용이 경직된 측면이 강했다. 그러므로 중언부언이 심하고 비유적인 진술보다 묘사가 성한 측면이 강했다. 이제는 세계를 바라보고 인식하는 데 있어 단편적이고 일률적인 태도를 과감하게 벗어나야할 것이다.

허기진

고양이가 살금살금 찾아왔습니다

이슬 젖은 밤을 적막하게 핥아먹고

한 마리, 외로운 고양이

서쪽으로

흘
렀
습

다 니

—「하현달」 전문

그동안 시조에서의 실험성은 지나치다고 할 만큼 매우 소극적이었다. 시조단의 풍토가 그것을 받아들일 수 있는 여건이 아직도 여전히 조성되지 않았다고 말할 수 있다. 몇몇의 시인들이 오래전부터 실험적인 시조를 발표했지만 크게 주목을 받지 못한 것이 그 사실을 반증한다. 이와 같은 현상은 모두에서 밝혔듯이 형식에 대한 편견이 잉태한 오류라고 지적하지 않을 수 없다.

시조를 창작하는 시인들은 나름대로의 논리를 분명하게 갖지 못한 채 대체로 통계적 방법과 절대수치에 의한 방법, 그리고 상대치를 가지고 시조를 규명한 학자들의 학문적 논리에 매몰되어 있었다고 말할 수 있다. 그 결과 시인들은 스스로 개방적 시선을 확보하지 못하고 새로움에 대한 열정을 망각해버렸다.

그동안 시조에 관한 학자들의 연구는 우리 시조의 정형성에 대한 보편적 가치를 밝힌 것으로서 매우 중요한 의미가 있지만, 그러나 그 논리는 대개 일반적인 고전시가론의 입장에서 편향성을 띄고 있고, 또 형식을 일방적으로 규정함으로써 시조를 고정시키거나 단조롭게 한 측면이 있다. 비록 그렇다고 하더라도 창작주체들은 시의 무의식 속으로 비집고 들어오는 상투성에 대한 문제점을 적극적으로 극복했어야 했다. 그렇지 못한 것은 순전히 창작하는 사람들의 안일함 때문이라고 밖에 할 말이 없다.

따지고 보면 詩에 있어서 외적인 요인들은 창작의 본질이 아닐 수 있다. 그러나 우리가 시조를 이해하기 위해서는 내용이 함축하고 있는 의미 못지않게 외적인 요소들을 살펴보는 것도 중요하다. 시조에서는 형식이 지닌 기본적인 요인들에 의해 뼈대가 형성되고 그 위에 살이 붙고 피가 순환되므로 그 과정을 내밀하게 파악하는 것이 전혀 낯선 풍경이 될 수 없다.

우리가 한 편의 시조를 읽었을 때 그 작품의 수준을 판단하는 기준은 여러 가지겠지만, 그 중의 하나는 내용을 함축하고 있는 형식이 얼마나 잘 조화롭게 운용되었는지 보는 것은 당연하다. 그리고 시조의 리듬은 인간의 호흡인 동시에 자연의 율격이므로 자연스러움이 시조 본래의 모습으로서 그 본질적 가치를 지녔다고 할 수 있다. 그러므로 앞으로 시조는 열린 구조로 다시 재인식되어야 한다. 그런 의미에서 평시조의 형태를 오로지 3

장 구조 장 배열 형식만 고집할 것이 아니라 보다 다양한 형식으로의 변주 가능성을 항상 염두에 두어야 한다.

4

잘 알다시피 시조는 3장의 시다. 초장 중장 종장의 3장으로 이루어진 형식을 지니고 있어 그 명칭이 붙게 되었다. 이러한 시조의 3장 구조는 자유시와의 변별성을 가리는 데 아주 중요한 기준이 되며, 그 어떤 상황에서도 마지막까지 시조의 정체성을 담보한다.

그런데 작금 발표되고 있는 시조시인들의 작품을 살펴보면 스스로 시조의 정체성을 부정하고 있다. 결코 시조가 될 수 없는 작품들을 그 형태만 대강 갖추고 시조라고 버젓이 발표하고 있는 실정임에도 불구하고 그 누구 한 사람 공식적으로 그 문제를 지적하지 않는 것은 이해할 수 없는 일이다. 시조 3장 구조는 명확한 운율을 담보하고 있다. 시조의 비밀은 바로 이 3장 구조를 어떻게 미학적으로 직조하는가에 달렸음을 시인들은 분명히 인식해야 한다.

현대문학의 중심에서 비켜난 시조가 앞으로 더욱 활

성화되기 위해서는 고정된 시선을 스스로 거두어들여야 한다. 그리고 그동안 시조가 소홀히 대접받은 원인을 우선적으로 시조시인들 내부에서 찾아야 한다. 그 바탕 위에서 시조가 본래 상징하고 있는 당대의 정서를 폭넓게 두루 포섭해 수렴한다면 시조의 미래는 희망적일 수 있다. 다양하게 변하는 사회를 면밀하게 주시하면서 다시 끝없이 찾아올 문학적 변곡점을 분명하게 인식해야 한다. 그동안 안타깝게도 시조시인들은 마치 벽에 그려진 노송도를 하염없이 바라보며 사라진 전설의 새들이 다시 날아오기만을 마냥 기다리는 태도를 보였다. 그러나 이제는 그 관념의 세계에서 벗어나 급속도로 변하는 세계와, 그리고 인간의 다채로운 정서 및 복잡한 심리를 언어의 지문으로 예민하게 읽어내야 한다. ■